기러기의 꿈

김한주 시집

문학사계

머리말

　삼십년 넘게 오롯이 살아온 한길, 그 길을 마감하려할 때의 막막함이란 절망일 수도 있었습니다. 그럴 때 내게 다가온 시(詩)는 절망대신 감사와 행복을 일깨워주었습니다. 아픔과 슬픔마저 달게 받아들일 수 있게 했습니다. 세상 만물에 대한 연민과 사랑을 다시금 새롭게 느끼게 해주고 기쁨을 가져다주었습니다.
　혼자만의 작은 세계에서 시를 읽고 나름대로 시라고 지으며 혼자 놀아도 좋았습니다. 한 달에 두세 권의 새로운 시집을 구해서 읽는 쏠쏠한 재미도 가슴 설레게 좋았습니다. 그런데 해가 더해갈수록 설렘 뒤로 갈증 같은 아쉬움이 남았습니다. 그것은 나만의 시로 책 한권을 낼 수 있으면 하는 막연한 꿈같은 것이었습니다.
　그러나 굳은살로 박힌 직선(直線)과 직각(直角)의 습성(習性)으로는 결코 쉬운 일이 아니었습니다. 그저 한낱 허망한 꿈이며 욕심일 뿐이라고 머리를 가로 저었습니다. 그 막연하던 꿈이 이제 현실이 되려합니다.

그 동안 아낌없는 격려와 지도편달을 해주신 오봉옥 교수님 감사합니다. 비록 늦깎이의 어쭙잖은 걸음걸이일지라도 큰 바위를 뚫어내는 작은 물방울의 집념과 여유로 시(詩)를 지으며 살아가겠습니다.
 걸핏하면 날밤을 새운다고 못마땅해 하다가 언제부터인가 차도 끓여다주면서 힘이 되어주는 내자에게도 고마움을 전하며, 이 기쁨을 함께 하고 싶습니다.

檀帝紀元 4349년(서기 2016년) 새해에
金漢珠 적음

차 례

머리말 ‖ 3

제1부

첫눈 내리면 ‖ 13
국화차 ‖ 14
아버지의 자리 ‖ 16
소금꽃 ‖ 17
이기대 농바위 ‖ 18
정이라는 것 ‖ 20
신경통 ‖ 22
봄 ‖ 23
들꽃 ‖ 24
벚꽃 ‖ 25
벼랑의 소나무처럼 ‖ 26
새벽길 ‖ 27
어머니의 강 ‖ 28
애벌레의 꿈 ‖ 29
변종 국화 ‖ 30
새벽 바다 ‖ 31
선래골 귀뚜라미 ‖ 32
마른 장미꽃 추억 ‖ 34
바다의 키 ‖ 36

제2부

내 안의 하늘 눈 ‖ 39
늦된 기러기의 꿈 ‖ 40
콩게 ‖ 42
아버지라는 이름 ‖ 43
도마 소리 ‖ 44
어떤 가르침 ‖ 46
참꽃 ‖ 48
호수는 산을 품고 ‖ 49
청학동의 황혼 풍경 ‖ 50
만추의 고향집 ‖ 52
책갈피에 담아두는 가을 ‖ 54
지랄 같은 봄날 ‖ 55
여명의 묵난 ‖ 56
발화 ‖ 57
죽음의 차별 ‖ 58
목련 ‖ 60
개나리꽃 종소리 ‖ 61
산당화 붉은 눈물 ‖ 62
영산홍 붉은 봄날 ‖ 64

제3부

아카시아꽃 ‖ 67
봄비 ‖ 68
가을 강 ‖ 69
그리울 때면 ‖ 70
시곗바늘 ‖ 71
그림자 ‖ 72
연탄가스 ‖ 73
내 안의 바다 ‖ 74
노란 봄 ‖ 76
어떤 상술 ‖ 78
광안리 바닷가에서 ‖ 80
비틀거리는 하루 ‖ 82
욕심 아닌 욕심 하나 ‖ 84
강물 위에 떠가는 나뭇잎처럼 ‖ 85
햇살 빠끔한 날에 ‖ 86
그냥요 ‖ 87
또다시 봄은 돌아와도 ‖ 88
절규하는 사월 ‖ 90
저녁 산책길에 만나는 새 ‖ 92

제4부

햇살같이 꽃비처럼 ‖ 97
새벽 강가에서 ‖ 98
명자꽃 ‖ 100
5월 캠퍼스 ‖ 102
행복한 시간 ‖ 104
서러운 배 ‖ 105
소라게 ‖ 106
마음의 고향 ‖ 108
이기대 ‖ 109
사소해서 소중한 것 ‖ 110
추심 ‖ 112
어부 노씨 ‖ 113
떠나가는 섬 ‖ 114
명암 ‖ 116
겨울바다 ‖ 118
합장 ‖ 119
할배 ‖ 120
잡초 ‖ 121
난쟁이 아저씨 ‖ 122

작품 해설 ∥ 125
늦된 기러기가 꿈꾸는 세계 _ 오봉옥

제1부

첫눈 내리면

첫눈 내리면 만나자 했지
바다가 보이는 그 작은 카페에서
우리 만나자 했지

해마다 겨울이면 첫눈을 기다리다
찾아가던 그 카페 그 자리,
기다리던 세월이 하 멀기도 해라

어느덧 머리에는 새하얗게 서리 내리고
잉걸불 뜨겁던 가슴은 식었는지
찬바람 일면 거친 기침 터져 나온다.

너의 언 손 녹여주던 두 손등엔
거뭇한 나뭇가지 자라나 불거지고
검버섯 딱지 앉아 볼품없어도

오늘같이, 첫눈 내리는 날이면
서리꽃 성성한 창가에 앉아
두 손 감싸 안은 찻잔 다 식도록
어둑한 네 모습에 색을 입힌다.

국화차

유난히 고상 떨기 좋아하는 친구,
귀농한지 두 해가 지나도록 소식 없다가
직접 따서 말린 거라며 국화차 한 봉지
보내면서 온갖 유세 다 떨더라.

차라고는 삼박자 커피가 전부인 나,
그러려니 냉동실에 넣어둔 채 잊고 지내다
첫눈이 내리는 날 문득 생각해내고
볼품없이 말라비틀어진 국화 네댓 송이
투명한 찻잔에 끓인 물 부어 우리는데
어라, 참말로
미라로 죽었던 꽃잎들이 서서히 살아나
찻잔 가득 만발하는 노란 감국,
그 모진 서리에도 굴할 줄 모르고
외로이 절개 지킨다는 오상고절의 기상을
한 잔 더운 물에 다시 피우더라.

허허, 그 친구 유세 떨만도 했네
죽어서도 결코 기개를 잃지 않는 국화,
네가 살아 풀어낸 물, 이제 곧 나 마시고
누구처럼 고상 좀 떨어볼까 하노라.

아버지의 자리

아지랑이 타는 논두렁길
지게 진 늙은 아버지 출렁거린다
숱한 세월 뻔질나게 오갔을 그 길
너무 몸에 붙어 낯선 구부렁길
곡예사 줄을 타듯 위태롭다
아버지 창창하실 적엔
지게 받치는 일이 전부이던 지겟작대기
이제 효자발이 되어 걸음을 보탠다
아들딸 열 있으면 뭘 하나
뼛골 빠지게 공부시켰다 어디 쓰나
예서제서 입방아를 찧어대도
하기는 뭘 하고 쓰기는 어디 쓴다고 그랴
지들만 잘 살면 그만이제
버팀목은커녕 지겟작대기보다 못한 자식
탓할 줄도 모르고
아버지, 그저 속이 텅 빈 나무로
거기 그 자리 지켜 서서
오늘도 다만 출렁거릴 뿐이다

소금꽃

그것은 태초의 천지
분간 없는 혼돈의 바다

칠흑의 어둠 속에 미쳐 날뛰는
성난 파도, 태산처럼 솟구쳐 내리칠 때마다
칼날 같은 비명소리 시퍼렇게 질러대며
사정없이 물속에 처박히는 함선

최첨단 항해 기기가 아무 소용없는
광란의 아비규환 속에서
오직 하나, 뱃사람의 근성으로
사투를 벌인다.

마침내
광풍 노도 잦아들고 드러나는
쪽빛 하늘, 바투 쉬던 숨
잠시 고르는 사이

검은 제복 위에 피어난 소금꽃이
훈장처럼 반짝인다.

이기대 농바위

천년을 하루같이
쪽 찐 머리에 함지박 이고
벼랑 끝에 올라서서 먼 바다 지켜보는
천년의 망부석,

아득한 그 옛날
어미 찾아 나선 육남매
바닷가 절벽 위 어미 보고 울다 지쳐
섬이 된 줄도 모르고

이제도
수백 길 벼랑에 올라서서
오륙도 제 새끼들 비끼어, 잿빛 허공
저 먼 바다 지켜보며 섰네

기나긴 세월
하염없이 허공만 지켜보다
청맹과니 되었구나

망연히 시선 머문 허공에
무심한 안개비, 감기지 않는 두 눈으로
차란차란 눈물 되어 떨어지고
철썩대던 파도마저 숨을 죽이네

※ 이기대는 부산 남구 용호동에 있는 도시자연공원,
  농바위는 이기대 해안가 절벽 위에 서있는 바위.

정이라는 것

떠나가는 당신의
뒷모습이 너무도 공허해서
멀거니 바라만보고 있었더이다.

멀어져 가는 당신에게
원망은 커녕
슬프다는 생각도 하지 못하고
망연히 그 자리에 서 있었더이다.

세월이 한참 지나 잊었다가도
비라도 오는 날이면
문득문득 당신 생각 떠올라서는
가슴을 후비더이다.

시간이 약이려니 참아보아도
설움 같은 그리움 밀물로 밀려와
도무지 못 견디게 하더이다.

아마도 그것이 모르는 사이에 생겨난
정이라는 것인가 보더이다.

참으로 우습고도 딱한 노릇이지만
어쩌겠어요,
모질고도 질긴 것이 정이라는데
그저, 허허 웃으며 살아야지요.

신경통

사랑한다는 것은
서로 모르던 둘이 만나
서로에 대하여 알아가며
둘만의 비밀을 만드는 것이라네.

사랑하면 할수록
사랑이 깊으면 깊을수록
사랑의 비밀은 가슴 깊이 각인되어
지울 수 없는 자국이 남는다네.

단 한번의 사랑이라도
끝내 이루지 못한 사랑은 시간이 지나도
두고두고 아리는 은밀한 통증으로
가슴 속에 남는다네.

새 사랑 하면서도
이제도 옛사랑 어루만지는 것은
사랑이란 신경통
도지기 때문이라네.

봄

어딘가에 숨어 있다가
생명의 빛깔 온 사방 흩뿌리며
가만가만 걸어오는,

봄기운 가득한 골짜기마다
얼음 녹아 흐르는 청량한 물소리
연둣빛으로 펄떡인다.

햇살 콩콩거리는 푸른 언덕에
사랑 움튼 가슴 헤집고 타오르는
연분홍빛 진달래꽃,

만산을 휘돌아 태워도 태워도
사그라지지 않는 정한의 뒤안길에서
그리움 지천으로 깔고 누웠다.

들꽃

한 알 씨앗으로
엄동을 견디다가
마침내
싹 틔우고 꽃을 피운다.

한 세상 지나 다시 살아도
들풀에 부대끼는 거기 그 자리
일부러 찾아주는 길손 없지만
발돋움이 애틋하여 오히려 고운 들꽃.

바람은 향기를 나르고
종다리는 봄 얘기 들려주는데
얼마나 더 다시 살아야
드넓은 세상으로 나갈 수 있나

차라리 누구라도 꺾어 가주면
한번을 살더라도 여한이 없으련만
날마다 꿈꾸며 머금었던 눈물
오늘도 이슬은 햇살에 스러진다.

벚꽃

눈밭에서 놀다온
햇살 간질간질 참을 수가 없어
벌겋게 부푼 망울마다
펑펑 터뜨리는 소리 요란도 해라
새하얗게 쏟아내는 벚꽃송이,

송이송이 여민 가슴 드러나자
넉살좋은 꿀벌들 막무가내 벌이는
벌건 대낮의 애무,
연분홍빛 달아오른 속살에
넋 나간 침입자의 그칠 줄 모르는
춤사위 황홀도 해라.

하늘도 시샘을 하시나
비바람 몰아치니 부랑자들 간 데 없고
하룻밤 새 나락인데,
물기 머금은 여인네의 싱그러움인가
새까만 포도 위에 널브러져서도
자개처럼 영롱하다.

벼랑의 소나무처럼

애초에 잘못 내린 자리
탓도 굴함도 없이
휘고 굽은 앉은뱅이 모습으로
벼랑 끝 허공에다 펼쳐낸 몸,

천둥번개 폭풍우 휘몰아쳐도
그 자리 그대로 푸른빛 한결같이
바위틈에 발을 묻고
꿋꿋하게 버티고 섰다.

떠오르는 태양에 걸은 소망
의지로 다지고
낙조의 가르침을 가슴에 새겨
사시사철 변할 줄 모르는가.

탈 많고 고달픈 삶일지라도
세차고도 부드러운 해풍을 즐기면서
굴절 없이 한 길을 살고 싶어라.

새벽길

차가운 지하 단칸방에서
칼잠으로 부대낀 몸
때 절어 무거운 작업복 갑옷처럼 껴입고
새벽길을 간다.

주머니 속 손끝에 구르는
동전 몇 닢으로 하루 삶을 헤아리며
작은 등 외로운 골목길 돌아
새벽을 간다.

오그라드는 삭신이
파리한 새벽달만큼이나 서글프고
지나온 세월만큼이나 늘어진 꿈이 애달아도
또 가야만 하는 새벽길,

오늘도
천연덕스레 몸뚱이 하나 팔러
머뭇한 어스름 발끝으로 굴리며
새벽을 살러 간다.

어머니의 강

버들개지 잠 깰세라
바람조차 숨죽이는 어둑한 강물 위로
자오록이 피어나는 물안개 따라
그윽이 풍겨나는 서답 치댄 잿물 냄새.

만산평야에 봄은 왔어도
아직은 개울물 차갑기만 할 터인데
바지런하신 어머니, 어느새 이불 홑청
삶아 빨아 여기까지 흘러내시나

어쩌면, 이 밤 이슥토록
다듬잇돌 마주앉아 호롱불 심지 돋우며
꼽꼽하게 밤이슬 맞힌 이불 홑청
홀로 다듬이질 하실 어머니

아아, 꿈에라도 이 강 거슬러 올라
가슬가슬 광목 홑청 꾹꾹 밟아
다듬이질 해드리고 시침질하시는
이불 위로 뒹굴고 싶어라.

애벌레의 꿈

청학동 오일장 비탈진
장터 어귀에 살 부러진 우산으로
햇볕 가리고 칙살스레 자리 편
야채장수 합죽할미,

벌레 먹고 못난 배추 수북하게 쌓아놓고
때 절어 까만 손에 배추벌레 굴리며
무공해 채소라 너스레 떤다

성치도 않은 그깟 배추 팔아보자고
넉살좋은 할미의 얄팍한 상술에
넋을 잃고 저버린 꿈이 너무 딱해서
덤으로 챙겨온 애꿎은 어린 생명,

옥상 위 내 작은 텃밭에서
우화등선의 꿈을 키우고, 언젠가는
나래 펴고 날아오르리

* 청학동 : 부산 영도구 소재 동네

변종 국화

기괴한 고사목 가지 따라
철사로 감긴 채
꺾이고 휘어지며 뻗어낸 줄기마다
풍성하게 피워낸 국화송이,

교묘한 자태의 성형미로
행사장 오가는 뭇시선 잡아끌며
온 세상 다 가진 양 으스대던
꿈같은 나날도 잠시,

찬바람 시린 어느 날,
시들어 볼품없는 몰골로 내쳐진 채
서러움에 몸서리치다 불현 듯 떠올린
오상고절의 본성,

서릿발 날리는 가을 들녘에 서서
꽃잎마다 찬이슬 받쳐 들고
꿋꿋하게 한 시절 풍미하던 그 기개,
오랜 기억 속의 순수를 그린다.

새벽 바다

엷은 해무
나지막이 드리운
어둑새벽, 파도마저 숨죽인
외경의 바다

어디선가
정적을 깨뜨리는 긴 뱃고동 소리,
선잠 깬 갈매기들 날아올라 서둘러
어둠을 벗겨내고

희미하게
경계를 드러내는 동녘 하늘에
어제를 물리고 새날을 밝히는
장엄한 빛의 조화

저항할 수 없는 숭고한 기운에
땀내 절은 옷깃을 여미고
새 삶을 다짐하며
빛바랜 과거를 바다에 묻는다.

선래골 귀뚜라미

와석리 노루목 섶다리 건너
쑥부쟁이 구절초 즐비하게 늘어선
어둔리 선래골 외딴 초가집,

삿갓님
하마하마 돌아오실까

묵은 세월
켜켜이 눌어붙은 지붕마루엔
쑥대머리 잡초들 발돋움 높이 세워
머뭇한 언덕길 내려다보고,
다람쥐 드나들던 툇마루 끝엔
구부정한 지팡이 삿갓 받쳐 든 채로
이제나저제나 사립문 바깥을
지켜보고 섰는데

휘영청 밝은 달 그늘지는 섬돌 아래
목청 돋워 울어대는 귀뚜라미들
이따금씩 울음 멈추고
귀를 세운다.

* 강원도 영월군 하동면 어둔리 선래골에 김삿갓(난고 김병연)의
  집터가 있고, 와석리 노루목엔 묘소가 있다.

마른 장미꽃 추억

과수원 가는 비탈길 아래
하얀 벽 빨간 지붕 이층 양옥집
담쟁이 짙푸른 담벼락 너머
붉은 햇살 머금은 넝쿨장미 화끈거리고
창마다 산노을 붉게 타는 집,

백혈병 걸린 소녀 산다는 소문에
까까머리 친구들과 집안을 훔쳐보다가
송아지만한 개 짖어대는 바람에
걸음아 날 살려라 내빼기 일쑤였지

여우비 내리던 어느 여름날,
버릇처럼 올려다본 이층 창가에 하염없이
장미꽃 바라보던 그 소녀 한번 본 뒤로
뛰는 가슴 수줍어 애를 태웠지

어찌어찌 마주칠까 가슴 졸이며
일부러 그 집 앞 지나는 날 늘어만 가도
텅 빈 창가엔 적막만 흐를 뿐,
다시는 볼 수 없었던 소녀의 모습

함박눈 쏟아지던 어느 겨울날,
곱게 말린 장미꽃잎 유리병에 가득 담아
누가 볼까 그 집 앞에 얼른 내려놓고
대문 두어 번 쾅쾅 치고 달아났었지

눈 속으로 사라지는 발자국처럼 아스라이
허공으로 잦아들던 개 짖는 소리,
컹 컹 컹 컹……
지금도 내 가슴에 울리고 있네

바다의 키

높은 산 깊은 계곡
타고 내리며
오로지 낮은 곳을 향해 달리는
물의 고행이 끝나는 바다,

수평선 그은 금에다 키를 맞추고
지극히 낮춤자세로
늘 평안하다

높은 곳에서 보거나
낮은 곳에서 보거나
바라보는 눈높이에 맞추어
키를 키우는 바다,

더도 덜도 없이 언제나,
딱 수평선만큼만 키운 키 그대로
낮은 듯 하늘에 닿아 있다.

제2부

내 안의 하늘 눈

저 깊은
하늘 어디에 누군가 있다
언제나 날 지켜보는
알 수 없는 눈

어둠 속에서도
대낮같이 내 안 속속들이 들여다보는
눈,
눈이 있다

언제부터
내 안에 있었는지
내가 하는 행동부터 내 생각까지
나보다 나를 더 잘 안다

눈을 감고 있으면
더 또렷이 느껴지는 하늘의 눈, 어쩌랴
두렵고 거북해도 매 순간순간
똑바로 사는 수밖에.

늦된 기러기의 꿈

찬바람 서슬 푸른 2월,
어둑한 새벽하늘 줄을 이어 날아가는
가없는 기러기 행렬,
불빛 어리는 수영강 하구 지나
수도 없이 강을 거슬러 가고 또 간다.

마지막 행렬 사라지고
희붐해진 하구의 강물 위로 하나 둘
내려앉는 낙오된 패거리, 서로가 민망한지
따로따로 떨어져 흐르는 물에 몸을 맡긴 채
하나같이 앞서간 무리들이 사라진
빈 하늘 바라보고 떠 있다.

뒤처진 처지가 서러워
더러는 부리로 가슴을 후벼대고
더러는 수면을 박차고 날아올라 보지만
힘이 부치는지 얼마 가지 못하고
다시 내려앉는다.

늦되고 올된 것이 죄일까마는
너나 할 것 없이
갈 길 멀어 조급한 마음,
이제도 차가운 강물에 담금질하며
힘차게 비상할 그날을 꿈꾼다.

콩게

그 옛날
어느 행성에서 여기, 잿빛 가득한
갯벌로 유배 되었나

썰물 지나간 갯바닥 여기저기
소리 없는
역사가 한창이다

작은 구멍 숭숭 뚫어 집을 짓고
모래탑 콩콩 쌓는 것은
대대로 지켜온 저들만의 삶의 방식

허구한 날,
개흙 파먹으며 집 짓고 탑을 쌓지만
밀물 들면 말짱 도루묵

어쩌다 택한 삶의 방편이
숙명이 되어버렸나 오늘도, 가없는
고행 길 건너는 중이다.

아버지라는 이름

가는 철사 옷걸이에
양어깨 걸친 아버지의 흰 와이셔츠
바지랑대 높이 세운 빨랫줄에서
하얗게 웃고 계셨지

하얀 웃음 뒤쪽, 푸른 하늘
새털구름 한가로이 가볍기만 한데
무거운 어깨 아래 축 늘어진 두 팔엔
식은땀이 줄줄 흘러내렸지

가는 바람에도 맥없이 흔들리다
풀썩 맨땅에 떨어져 허물어져도
금방 우리 오남매 업고 일어서서
환하게 웃으시던 아버지

양어깨에 한껏 힘주고 서 있는 나,
삶의 무게 너무 버거워
한순간 주저앉았다가도 벌떡 일어나는 건
나 또한 아버지이기 때문.

도마 소리

새벽녘 잠결에도
당신의 자리 더듬는 버릇
언제부터 생겼는지

거기,
내민 손이 허전할 때면
꿈결처럼 아련하게 들려오던 그 소리
칼과 도마가 만들어내는 경쾌한 리듬 소리
장단 박자 익숙해서 달콤하고 포근한 소리
당신의 소리

살포시 다시 잠이 들어도
꿈속에서조차 그리운 당신이란 사람
언제나 변함없이 거기, 그렇게
있을 줄만 알았는데

일도 많고 탈도 많아 한 세월
도마에 흠집 늘 듯
무던히도 속이 썩었던지 단 한번 병치레에
껍더리되어 누운 당신

이제, 거기
내 빈자리 어루만지며
어설피 내가 지어내는 당신의 도마 소리
당신이 듣고 있나요

어떤 가르침

옹알이 겨우 하는
어린아이

세상을 알면 제까짓 게
얼마나 안다고

두 팔로 바닥 짚고 엎드려
고개 바짝 치켜들고

새까만 두 눈 동그라니
커다랗게 뜬 채

입가로 침방울 터뜨리며
아부부 我不不!

엄마 아빠 정색하며 납작 엎드려
아이와 눈 맞추고

그러니까, 세상 그렇게
사는 게 아니라고?

어린아이 탁탁 한 손으로
바닥 치며

옳아요, 옳아
아가가 我可可!

참꽃

참꽃은
먹는 꽃, 그리움에 허기져
한 잎 두 잎
따먹는 꽃

겹겹이 곱게 피워낸
연분홍 꽃잎 한 소쿠리 따다가
꿀물에 고이 재어 화채로 먹으면
늙으신 아버지 천식 멎듯
그리움이 잦아들까
찹쌀가루 골고루 입혀 화전 부쳐 먹으면
아이들 부스럼 없어지듯
그리움이 지워질까

아서라,
차라리 두견주를 빚어서
한잔 또 한 잔, 그리움 타서 마시면 별난
술 향기에 그리움도 스러지리

호수는 산을 품고

저 높고 큰 산이
허리 꺾어
저 자그마한 호수에 다소곳이
큰절하고

저 작은 호수가
잔물결 하나 일으키지 않고
저 높고 큰 산을 오롯이
품고 있네

저 겸손함이여

저 관대함이여

청학동의 황혼 풍경

타는 저녁놀 한껏 베어 물고
붉게 물든 뱃고동 소리,
산그늘 짙어가는 봉래산 골짜기로
메아리치다 잦아들면 어둠이 여문다
여문 어둠이 산을 타고 내려와
산비탈 다닥다닥 엎드린 지붕들을 지우고
구불구불 비탈진 골목길을 메워나간다
어둠이 내려앉은 골목집 대문 앞에
조등 하나 내걸리고 어스름 조등 등진 채
어둑한 내리막길 지켜 선 늙은 할미,
외항선 타고 나간 외아들 기다리며
제 애비 발인 전에 오기나 할는지
토해내는 긴 한숨에 어둠이 출렁인다
출렁이는 어둠이 하 수상해
담벼락 밑을 가다 멈춰 선 고양이,
할미 눈과 마주치자 차마 지나가지 못하고
슬그머니 뒤돌아 오던 길 다시 간다

새끼 배어 부른 배 부둥켜안고
두 눈 커다랗게 어둠 밝히며, 터널 같은
어둠 속을 오롯이 다시 간다

* 청학동, 봉래산 : 부산 영도 소재.

만추晩秋의 고향집

시간의 더께
시커멓게 눌어붙은 돌담 곳곳에
말라 죽은 돌이끼들
버짐같이 꽃같이 다시 피어나
헛헛한 웃음 날리는 곳

이따금 부는 바람에
장독대 아래 이리저리 뒹구는 낙엽들
마른 어깨 부서지는 소리 감싸며
늦가을 햇볕 살포시 내려앉아
적막이 감도는 곳

잎사귀 다 떨어내고
벌건 알맹이만 주렁주렁 매단
감나무가지 담장 넘어 휘어져내려도
그 누구의 손 한번 탄 적 없어
길손마저 아쉬운 곳

담벼락 한쪽에 기대선 채
밤낮 없이 열려 있는 사립문엔
어쩌다 날아든 고추잠자리
잠시 머물다 갈 뿐
텅 빈 그 자리 그 곳

홀로 되신 어머니
잿빛으로 삭아버린 초가지붕 위에
둥글넓적 누렇게 익은 호박들
앉은자리 움푹 내려앉도록
하염없이 기다리는 곳

책갈피에 담아두는 가을

단풍나무 잎사귀마다
말간 햇살 붉게 튕겨 오르는
나무그늘 아래 동화책 읽어주는
엄마 목소리 듣는 둥 마는 둥
단풍잎 줍는 여자아이,
오랜 궁리 끝에 해맑갛게 웃으며
빨간 단풍잎 하나 들어보인다
환한 미소 머금고
붉게 물든 아이의 예쁜 가을 고이 받아
책갈피에 담아두는 아이 엄마,
아가야 단풍잎이 곱다한들
네 작은 손보다 예쁠까
네 마음보다 고울까
먼 훗날 행여 슬픈 가을 만나거든
네 고운 이 가을 꺼내보렴
네 작고 이 예쁜 손 잡아보렴
슬픔의 장막은 어느덧 스러지고
만산을 태우던 단풍불 이제인 듯 살아나
네 환한 웃음 다시 찾으리

지랄 같은 봄날

봄이네
봄이라네
진달래 피는 봄이라네
이 산 저 산 진분홍빛 칠갑하며
애먼 사람 잡는 봄이라네

이왕이면
좋은 시절 두고두고 피고나 지지
한꺼번에 다 피어나
애간장 다 태우는
미치고 환장할 봄이라네

그립다 보고 싶다
말 한마디 전할 새도 없이 봄날이 가네
그리움만 덕지덕지 덧칠해놓고
지랄 같은 봄날이
저만치 또 가고 있네

여명의 묵난墨蘭

새벽 어스름 가득 배인
한지 바른 창으로 여명의 은은한 빛
고이 번지면 창가에 놓인
백자 화분 미끈하게 고운 윤곽
서서히 드러나고

아직은 거뭇한
백자 화분 위로 거침없이 획획
뻗어 올려 휘어지는 난초 잎들의 기세
고스란히 창으로 올라붙어
한 폭의 멋진 묵난도,

난화야 보이지 않아도
코끝으로 스미는 그윽한 향기,
오롯이 나의 시에 불어넣어
읽는 가슴 가슴마다 여명의 은은한
빛처럼 배어났으면

발화發花

응아 하는 아이
얼굴
마냥

벚나무가지 망울마다
벌겋게
달아

그렇게
며칠
얼마나 용을 썼으면

한꺼번에
파파팟
새하얗게 터뜨리네

죽음의 차별

깊은 밤, 잠에서 깨어
죽은 자처럼 어둠 속에 드러누워
어둑한 꿈속을 들여다본다
낡은 영사기 퍼드덕거리는 필름 속의
흑백영화 보듯이

한겨울 어둑새벽, 어느 역 광장
칼바람 매서운 벤치 위에 잔뜩 옹그린 채
동상처럼 굳어버린 한 노숙자,
얼굴 감싼 두 팔 사이 감기지 않은
퀭한 두 눈, 먼데 허공에 멈추어있다

삶의 마지막 시간이 풀려나간
눈 주위로 미소가 엷게 번지다만 듯한
저 야릇한 표정, 분노일까 회한일까
체념 끝의 안도일까
허공에 머문 저 눈에 비친 것은 과연,
날마다 그리던 집일까 가족일까
한 그릇의 뜨끈한 국밥일까

애석한 죽음을 앞에 두고
지하 셋방에서 백골로 발견됐다는
어느 독거노인의 다른 죽음을 떠올리며,
그래도 낫다는 뜬금없는 생각에
몸서리치다 눈을 뜬다

여전히, 어둠이다.

목련

앙상한
가지 꼭대기마다
오뚝 세운 꽃봉오리 어느 틈에
피어나서

하나같이 반듯한 자세
어지간한 바람에도 흔들림 없이
오롯이 하늘 향해 염원하는
순백의 자태

그것은, 날마다
새벽이면 정화수 떠다 놓고
지극정성 빌고 빌던
어머니의 모습

어머니 먼 길 떠나실 제
미색 명주한복 꽃단장하셨더니
두견새 울어 목련꽃 다 지기 전에
찾아가 절하고 와야지

개나리꽃 종소리

시간의
굴렁쇠 타고 날아드는
햇살,

죽은 듯이
메말랐던 가지마다 촘촘히 박혔다가
때맞춰 한꺼번에

초롱초롱
초롱종 수도 없이 매달고 울려대는
황금빛 종소리,

상큼하니 고와라
방글거리는 갓난아이 볼우물처럼
살랑거리는 봄바람같이

바라보는
얼굴마다 환한 웃음 피어나네
노랗게 물이 드네

산당화 붉은 눈물

붉은 꽃잎
스카프 두르고
노오란 꽃술 선명한 산당화
아기씨꽃

한껏 누려도 시원찮을
꽃다운 그 자리
연 사흘 뿌려대는 얄궂은 봄비에
고스란히 떨어져

명치끝에 매달리는
아쉬움과 억울함 하소연할 데 없어
하나같이 고운 자태 그대로
땅바닥에 둘러앉아

그저
하늘만 바라보며
가만가만 적셔내는 눈물조차
마냥 붉어

저 붉어서 붉은 설움
다 어쩌라고
안타까이 바라보는 눈들마다
붉게 물드네

영산홍 붉은 봄날

나지막한 돌담 아래
옹기종기 옹기들, 연노랑 빛
송홧가루 분칠하고 시시덕거리다
밤새 잠깐 잠깐 내린 비에
오만상을 하고 앉았어도
황사 날려 미루고
꽃가루 날려 미루었던
빨래가 먼저라
어머니, 마당 한쪽 우물가에서
영산홍 붉은 빛으로 온통 물이 든 채
하루해가 여물었지요
그리고 또 다음날은 어머니,
하얀 머릿수건 앞치마 붉어지도록
옹기들 닦으시다 그렇게,
영산홍 붉은 봄날 다 보내셨지요
아, 이제 또다시
봄날이 와도 어머니의 봄날은
어디 다시 올는지요

제3부

아카시아 꽃

새벽 어스름
산복 교정 언덕길

진한 꽃향기
화살처럼 파고들어

뒷걸음쳐
달리는 시간,

뻐꾸기 쑥국새 울어
허기지는 배

쌀밥인양 따먹다가
잠이 들어도

들일 나간 어머니
오시지 않고

밥 한 그릇 또 그리워
먹고 또 따먹던 꽃

봄비

푸석거리는 마음
촉촉이 적시며 다독이듯 가만가만
내리는 봄비,

창밖 버드나무
연두빛 움튼 가지마다 방울져
송골송골 매달린다

방울방울 물방울 하나 둘
떨어져 톡 톡 터질 때마다 풋풋하니
오이향 봄내음 피어올라,

아무런 낌새도 없이
바람같이 선율처럼 가슴에 스며들어
빛바랜 지난날에 색을 입힌다

가을 강

홍옥빛 노을 머금고
칭얼대는 잔물결 다독이며
오롯이 가을을 흘러가는 강,
갓난아이 눈 맞추고 환한 웃음
보내는 어머니처럼
번쩍이는 은빛 숭어 뜀뛰는 자리마다
동그랗게 파문 지어 반기고

여물지 못한 모래톱에 뿌리내린
갈대 밑동 무시로 모래 밀어 돋우며
살가운 정 담아내는 강,
힘겨운 세상살이 기댈 곳 하나 없어
헛헛한 이내 마음 일일이
어루만져 채워주고

넉넉하고 푸근하게
가을을 흐르는 강은 언제나
그냥 흘러가는 법이 없다.

그리울 때면

그대가
그리울 때면, 나는
살그머니 눈을 감아요

눈 감으면, 그대
멀리 있어도 내 보고 싶은 대로
볼 수 있어요

이제도
그대가 그리운 나,
눈을 감으면

그대,
넝쿨장미 불타는 골목길로
하얀 드레스 나풀대며 걸어 나오고
푸른 파도 춤추는 바닷가로
검은 머리 나부끼며 달려 나와요

시곗바늘

또박또박 매긴
시계 눈금,
시간을 건너는 징검다리

크기도 모양도 다른
시곗바늘, 저마다 다른 걸음걸이로
시간을 재며 시간을 건너간다

시작도 끝도 알 수 없는
시간의 길, 서두르지도 꾸물대지도 않고
꼬박꼬박 시간을 챙기며 간다

짬도 없이 달려온
허겁지겁 인생길, 나날이 버거워지는
하루하루가 걱정이어도

하루를 살아야 사는
시곗바늘 인생, 쉼은 곧 죽음인데
갈 때까지는 또박또박 가야지

그림자

내가 울면 우는 대로
웃으면 웃는 대로
내 흔들리는 대로 따라 흔들리며
나와 함께 해온 너,

어둠 속에선
너의 존재 알릴길 없어
허구한 날, 나를
빛 가운데로 몰아세웠나

빛을 향해 너를 끌고
네게 끌려 빛을 등진 세월이
하, 멀고멀어
난 이미 등 휘고 백발인데

여직도 홀로 서지 못하고
내게 붙어살다 함께 늙어버린 너,
그래도 행복하다니
참 다행이다.

연탄가스

많이 마시면
자는 듯이 죽는다고, 더러는
작정하고
마시기도 한다지만

거센 외풍에
문풍지 떠는 소리 요란도 해라
동짓달 기나긴 밤, 어쩌다
깊은 잠에 빠져들어

혼은 저만치서 멀뚱거리고
절인 배추같이 늘어진
내 몸뚱어리 부둥켜안고, 어머니
애간장 다 녹아

꿈속의 꿈결처럼 황홀한
생사 갈림길,
동치미 국물 삼키고 토해대며
다시 길을 찾았어라

내 안의 바다

머뭇한 어스름 가시고
동녘 하늘바다 드러나는 경계 사이로
붉은 해 불끈 솟아올라
심장을 요동치게 하는 바다
희망에 찬 의지를 다지게 하고

저물녘 서편 하늘 나지막이
구름 새로 비치는 햇살 오롯이 받아내어
넘실넘실 파도 타고 놀빛 번득이며
가슴 설레게 하는 바다
꿈과 열정을 되살리게 하고

때때로 짙은 해무 앞을 가리고
거센 파도 폭풍우 휘몰고 와
걷잡을 수 없는 분노를 터뜨리며
두려움에 떨게 하는 바다
절망과 용기의 시험에 빠지게 하고

시도 때도 없이 감정의 경계를
넘나드는 내 안의 바다,
나, 그 언제쯤이나 적도 무풍대 잔잔한
바다처럼 평심을 지킬 수 있을까

노란 봄

공원 연못가에
소풍 나온 유치원 아이들
옹기종기 둘러앉아
오골오골 빙빙빙

하얀 도화지 펼쳐 놓고
난 헤엄치는 오리를 그릴거야
난 개나리꽃을 그릴거야
재잘재잘 삐약삐약

또래보다 작고 예쁜 여자아이
개나리꽃을 그리려고
노랑 크레파스 뽑아든 채
갸웃갸웃 곰곰곰

노란 점 콕콕 찍어대다
점으론 안 되겠어
도화지 온통 노랗게 칠해놓고
뱅긋뱅긋 배배뱅

개나리꽃이 피워난다
하로로 웃는 뽀얀 아이 얼굴에
노랑물이 든다
지지징징 봄봄봄

어떤 상술

버스 정류장 한쪽 번잡한 길가에
고구마줄기 호박잎 한 소쿠리씩 담아놓고
전을 벌인 웬 할머니,

까만 얼굴 쥐눈같이 작은 눈에
요상하게 가늘고 높은 여자아이 목소리로
나름 호객질이다

떨이여, 떠리미
손주 용돈 주게 삼천 원에 다 가져가
무공해여, 무공해

다들 그냥 가는데 어쩌다 할머니와
눈이 마주쳐, 요량 없이 사들고 돌아오다
집 앞에서 딱 마주친 아내,

어, 당신도 샀어요? 그 할미한테서?
떨이래서 나도 사오는 참인데?
허허, 참 나 원!

어쩌랴, 호박잎 쪄서 쌈 싸먹고
된장국도 끓여 먹고
고구마줄기 무쳐 먹고 김치도 담아 먹고
먹고 또 먹을 수밖에

광안리 바닷가에서

회전문 안에 갇혀 돌고 돌듯
따분하고 단조로운 일상 벗어나고파
무작정 찾아간 광안리 바닷가,
물먹어 편편한 모래사장 꾹꾹 눌러 밟아
발도장이나 찍어대다 날이 저문다
어둑해진 바다 저만치,
허공에 빗장 지른 광안대교 둥실
오색 불빛 뿜어대고
검은 물결 위로 번득이는 불빛
쉼 없이 밀려와 멍한 가슴 쑤셔댄다
막연히 깨어나는 잠든 망각,
나, 어디쯤에서 길을 잃고 향방도 없이
황망한 허깨비로 서 있는 것인지
어지러이 헤매 도는 발자국 좇아가다
언뜻 뒤돌아보니 내 뒤를 따라오다
파도에 휩쓸려 스러지는 또 다른 발자국들,
아, 삶이란 뒤쫓아 가는 것이 아니라
새로운 길을 찾아가는 것이구나

이 순간 서 있는 이 자리, 이제껏 살아온
삶의 종점이자 새 삶의 기점이라
가자, 새로운 삶을 위하여

비틀거리는 하루

민락동 수변공원
조개구이 전문 포장마차 이모집,
초저녁부터 벌겋게 달아올라 술렁이다
어지간한 꾼들 다 빠져나가고

시간은 훌쩍 자정 지나
엉덩이 무거운 주당들 몇이 남아
목소리 드높이는 시간,
마무리되지 않은 하루가 늘어진다

화덕에 연탄불 다 사그라지고
몇 남은 조개 미라처럼 쪼그라들어
화석이 다 되도록 끊이지 않는
허접한 민초들의 이야기

순서도, 예의도 없이
저 잘 났다 목소리 키우며
기억도 하지 못할 말들 씨부렁대다
비틀, 천막 들추고 빠져나오면

서쪽하늘 빛바랜 달 갸웃이
낮은음자리표 하나 마침표 대신 찍고
생의 전부인 양 비틀거리는 하루
이윽고, 마감한다

* 민막동 수변공원 : 부산 수영구 소재

욕심 아닌 욕심 하나

방바닥에 드러누워
깍지 낀 두 손 머리 받쳐 당겨 잡고
발바닥 마주 댄 채 개구리마냥
옴친 다리 뻗었다 오므렸다
허공에 뜀을 뛴다

하나 둘 일곱 여덟,
꽃대처럼 일어서는 목줄띠에
살과 허리 뻐근하고
화덕같이 달아올라 부푸는 얼굴,
세월의 무게 배기지 못해 쩔쩔매는
육신이 애달프기 그지없다

어쩌랴, 서른이 넘도록
홀로 서지 못하고
눈치만 살피는 어리보기 아들놈
뒷감당할 만큼은 살아보자고
욕심 아닌 욕심 하나 챙겨둬야지

강물 위에 떠가는 나뭇잎처럼

무슨 거부할 수 없는
운명의 굴레 같은 것이 있어 강물은
오늘도 어제같이 흘러만 간다
앞서 갈 욕심도
돌아갈 요량도 달리 없는 것인지
앞물 뒤를 따라 흘러만 간다
흐르는 강물 위로 나뭇잎 하나
생각 없이 떨어져 생각도 없이 떠간다
아무런 꿈도 의지도 없이 흘러가고
떠가는 강물과 나뭇잎,
애써 시 속으로 끌어들여
밤새 끌어올린 감성으로 덧칠해보지만
아침이면 헛되이 스러진다
무시로 내 안에 이는 감흥과 애착이
부질없는 것이라면 아무런 미련도 없이
강물 위에 떠가는 저 나뭇잎처럼
초연히 뒷짐 지고 살아가련만

햇살 빠끔한 날에

이제는 그치는가, 장맛비
쑥쑥 자란 풀잎마다 방울방울 물방울꽃,
구름 새로 빠끔대는 햇살 한 조각씩 머금고
바람도 없이 떨어져 스러진다

물방울꽃 스러져간 땅 위로
번지르르 굵고 기다란 지렁이 한 마리,
목도리 하얗게 두르고 위세 좋게
긴 자국 남기며 기어간다

머잖아,
온몸이 말라가는 고통에 몸부림치다
죽을 수밖에 없다는 것도 모른 채
느긋하게 가고 있다

그래, 산다는 것이 다 그렇지
너 나 할 것 없이 죽음을 머리에 이고서도
한 치 앞을 모르니까, 살아 있으니까
소리도 몸부림도 쳐보는 것이지
그야말로 느긋함도 누려보는 것이지

그냥요

왜 그러냐고
다그치는 엄마 물음에
잠깐의 궁리도 없이 내뱉던 말,
그냥요

달리 할 말도 없고
해봐야 잔소리만 길어질 것 같아
쉽게 잘라 했던 말,
그냥요

세월 지나, 이제
자식들로부터 내가 들으니
울화가 치밀고 속이 뒤집히는 말,
그냥요

어머니, 그때
회초리라도 드시지
왜 그냥 두셨냐고 여쭸더니,
그냥요

또다시 봄은 돌아와도

겨우내 얼음장 아래서
죽은 듯이 엎드려 침묵하던 개울물
어느 틈에 생기 찾아 배알도 없는 알몸
횅하니 드러낸 채 졸졸거리고,

개울물 흥얼대는 소리에 눈을 뜬
버들강아지, 부리나케 솜털 벗어던지고
붉은 꽃술에 노란 꽃가루 분칠하며
멋이란 멋은 다 부리고 야단이다

뉘에 질세라 서둘러 터뜨린 벚꽃은
뭐가 그리 급한지 진즉부터 꽃비 뿌려대며
들썽이는 가슴마다 바람을 불어넣고
오두방정 녹두방정 다 떨어댄다

이산 저산에 붉게 타는 진달래는
산이나 태우다 말지 어쩌자고 이 가슴
저 가슴에 불질러대며 난리를 부리는지,
도무지 뒤숭숭하고 어지러운 봄이다

기다리지 않아도 찾아와서는
잠시 설레발치다 가버리고 마는 봄,
또다시 봄은 돌아와도 봄날같이 왔다간
사랑 그 어디에도 찾을래야 찾을 수 없고
그저, 술 몇 잔이 위안이네

절규하는 사월

– 세월호 참사 희생자를 기리며 –

물살 급하고 거칠어서
맹골수도, 찾아간 그 바닷길 거기
시간은 멈췄어라

시시각각 가라앉는 배
절체절명 생사의 기로에서 쏟아내던
꽃다운 영혼들의 마지막 이야기,

미안해요 사랑해 살아생전
다 맞춰보지 못한 속마음, 너무 서러워
이제도 물결 따라 헤매 돈다

죽은 자는 산자의 부름으로 살아 있고
산 자는 죽은 자의 기억에 기대어
더불어 살아가는 것이던가,

날이 갈수록 아픈 기억은
어제 일처럼 밝아서 평생을 앓고, 또
얼마나 더 앓을 것이랴

오늘도 향 사르고 꽃 바치며
이어가는 산자와 죽은 자의 끈질긴 연,
언제쯤 우리 웃으며 만나겠느냐

* 2014년 4월 16일 오전 8시 48분경 맹골수도에서 전복된 세월호는 이틀 후인 4월 18일 완전히 침몰했다. 이 사고로 탑승인원 476명 중 295명이 사망하고 9명이 실종됐다.

저녁 산책길에 만나는 새

별빛 어스름한 저녁이면
강변 산책길을 간다
강 복판 바위섬에 외로이 서 있는
새 한 마리 보러간다
언제나 그림같이
긴 모가지 높이 치켜세우고
외다리 하고 서서 강상 어디쯤을
지켜보는 새,
몇 년 새 갈대 무성하던 강안은 사라지고
넓어진 강변도로 따라 높이 솟은 아파트 숲
밤마다 쏟아내는 소음과 불빛 드세어도
그 자리 그 자세 한결같다
누굴 기다리는지
무언가 속죄하며 기도라도 하는지
괜스레, 더해가는 궁금중만큼이나
애석한 마음도 더해져서
밤잠을 설치기가 일쑤이다

오늘도, 새 울음소리에 선잠 깨어
창밖을 내다보니 목이 긴 새 한 마리
끼악 끼악, 가로등 거꾸로 서서 졸고 있는
강물 위를 날고 있고 한 마리는
강가에서 지켜보고 서 있다

옳다구나,
오랜만에 깊은 잠을 청해 본다

제4부

햇살같이 꽃비처럼

겨울 눈밭에서
시린 발 서릿발같이 치켜세우고
동동거리던 햇살,

벚꽃 흐드러져
십리길, 눈 시린 꽃구름 위에서
펄떡펄떡 널을 뛴다

덩달아 흥에 겨워
꽃구름, 새하얀 꽃비 되어 날리고
그리움이 벼랑처럼 솟구친다

이런 날, 햇살같이 꽃비처럼
그대와 어우러져 신명나게 한판,
펄떡거려 보았으면

새벽 강가에서

새벽 어스름
하구에 다다른 강물이
긴 여정을 마감하고, 이제 곧
바다가 되려한다

어느 한순간
주저함이 있었던가
거침없이 달리고 뛰어내리며 한 세월
풍미하던 벅찬 나날들, 물안개 피워 올려
찬찬히 지우고 있다

태양도 때에 이르면
남은 기운 놀빛으로 고스란히 쏟아내고
까맣게 스러졌다가 다시 떠오르며
생멸의 순환을 반복한다

생기고 없어짐이
단절이 아니라 시작이고 끝이며
끝이 곧 시작이라면
나 이제, 서서히
하나씩 버리고 지워나갈 때

명자꽃

교정 동산
오솔길 지나다 마주친 꽃 앞에서
걸음이 멈춰지고
공기처럼 새는 탄성

참 곱기도 해라
홍매도 아닌 것이 장미같이
붉기는 저리도 붉어
이름이 뭘까

명자 · 꽃

아니
그런 꽃도 있었나
하필 오래 전 잊어버린 그 이름이
꽃이라니

그 이름 알아내려
빨갛게 색깔 고운 막대사탕 사주며
꼬마 동생 꼬드기던 때
아득도 해라

꽃으로
그리움이 된 사람아,
오늘도 나는 너를 추억하러
꽃 찾아 간다

5월 캠퍼스

어쩐지 좋은 예감,
특별한 일이 생길 것만 같아
흥겨운 기분 절로 일어

햇살같이 공기처럼
부드럽고 가볍게 흔들리는
오월의 푸른 정오

파란 하늘 쏘아 올리는
분수대 물보라꽃 새하얀 웃음소리
온 사방 흩날려 눈부시고

등꽃 치렁치렁 보랏빛 향기 늘어지는
정자 아래, 차란차란 넘쳐흐르는
학생들의 얘기소리 해맑갛다

여물지 못한 무지개같이
애틋한 꿈들, 쌓아야할 스펙 생각하면
이만저만 걱정이 아니어도

짜장면 한 그릇씩 나눠들고
후다닥 비벼 한입 물면, 걱정도 잠시
분수대 물꽃처럼 스러진다

행복한 시간

창밖에
겨울바람 싸돌던 나뭇가지
햇살 머금던 시간 날로 늘더니
어느새 싹을 내고

유난히
잦던 봄비는 달아
거뭇하던 앞산에 연초록빛 물이 들어
상큼하니 싱그럽다

새벽부터,
정해진 길 달리는 버스처럼
고속도로 먼 길 달려와서 강의하고
또 달려가는 일상이지만

봄날같이 푸른 꿈
부풀리며 키우는 젊은이들과 함께 해서
가슴 설레는 이 시간들이
내게 가장 소중해서 행복하다

서러운 배

강을 가로질러
공중 높이 현수교 생긴 뒤부터
뒷전으로 밀려난 나룻배,
강변 모래톱에 비스듬히 누운 채
떠가지 못해 서러워라

낮이면 물새들
놀다 가는 놀이터 되어주고
밤이면 배에 고인 작은 물에 조각달 띄워
은하수 저 멀리 꿈을 실어 보내며
애달픈 마음 달래보지만

이제나저제나
지울 수 없는 떠가고 싶은 마음,
오늘도 어제같이 무심히 흘러가는 강
눈멀도록 바라보다 쩍쩍 갈라지는
가슴으로 바람이 샌다

소라게

자리 틀고 들어앉아
집을 지고 돌아다니며 살아야 하는
운명의 굴레에 매인 것도
역마살이 끼인 것도 아니다

면벽 수행으로
득도를 한 보리달마처럼
구도를 위해 고행을 하는 것은
더더욱 아니다

나의 관심은 오직
나 자신뿐, 그저 나만의 세계에서
나만의 방식으로 나답게
살고 싶을 뿐이다

그 누구의 간섭도 받기 싫고
그 어떤 이해관계에도 섞이지 않고
달리 탐하는 것도 없이 내 작은 공간에서
나만의 삶을 구가할 뿐이다

부디, 날 두고 이러쿵저러쿵
함부로 말하지 마라
저마다 삶의 방식이 다르고 삶의 가치관
또한 다 다르니까

마음의 고향

여명에 부스스
일어나는 산 천천히 호수로 내려서서
살포시 몸을 담그면, 호수는
서둘러 물안개 피워 올려 포근히 감싸주고
산발치게 놀란 새들 후드득후드득
호수 위로 날아오르는 곳

밤새 물밑으로 가라앉은
풀벌레 소리 우르르 튀어 올라
풀잎마다 맺힌 이슬에 방울방울 서렸다가
적막한 들길 누렁소 워낭소리 앞세우고
들일 가시는 아버지 바짓가랑이
흠씬 적셔대는 곳

아, 날마다
마음만 빤히 달려가
초록물 물씬 들이고 돌아오는 그 곳,
가물가물 전설같이 아득해지는
내 마음의 고향 산골

이기대 二妓臺

이기대 십리 암반,
치마바위 꾼들 피해 장바위 올라서서
민장대를 드리운다.

실낱같이 뜬 눈 아무리 힘주어도
천파만파 부서져 쏟아지는
하얀 포말 속에 놓쳐버린 낚시찌,

태공이 아니라고 낚싯대를 거둘까
의롭게 죽어간 두 기녀
넋이라도 있고 없고

암벽에 부딪치며 떠외는
파도의 독경소리에 마음을 실어
극락왕생을 빌어나 볼까.

---

* 이기대는 부산 용호동 해안 일대에 2km에 달하는 암반이 있는 곳으로
임진왜란 때 왜군이 수영성을 함락시키고 이곳에서 연회를 열었는데,
의로운 두 기녀가 술에 취한 왜장을 안고 물속에 빠져 죽었다고 하여
붙여진 이름. 원래 의기대(義妓臺)이었으나 후에 이기대가 되었다고 함.

사소해서 소중한 것

이른 아침 산책길에
길을 막는 거미줄, 무심코 걸어내려
치켜든 손을 거둔다

과녁처럼 팽팽하게 허공을
당기고 있는 것이, 거미는 새벽부터
부지런을 떨었나보다

걸리적거려 귀찮고 하찮은
저 그물이 거미에겐 더없이 소중한
거소이며 사냥터,

그 사소해서 소중한 것 잘 알아
이 나무 저 가지 쑥대머리 풀잎까지
단단히 당겨주고 있다

저 팽팽한 힘의 균형으로 허공에
둥실 지어지는 거미집, 촘촘하지만
바람의 길 열어놓았다

사람이 사는 이치 이와 다를까
누군가 당겨주는 거미줄 위에 서서 나,
오늘도 사소해서 소중한 것이다

추심 秋心

창창하던 나뭇잎
떠나는 계절 따라 놀빛으로 스러지고
석양에 잠긴 강물
모래톱 어루만지며 애가 타는데,
백발성성한 갈대는
강상에 이는 작은 바람에도
하늘하늘 춤을 춘다.

청춘의 푸른빛
어느덧 더해가는 갈빛 무게,
덧칠한 중후함이 오히려 멋스러워
이 가을에 머무는 마음,
소슬바람에 묻어오는 벌레소리
어찌 아니 고운가
이제도 누리지 못하면
한갓 헛된 바람으로 지나갈 뿐.

어부 노씨

한겨울 어둑새벽
선창가 시린 불빛 날 세운 칼바람
뼛골을 쑤셔대도
깊은 담배 한 모금에 숨을 달구며
출어를 서두르는 늙은 어부,

젊은 날 세상 언저리 맴돌다
한 겹 두 겹 접은 인생
어찌어찌 외진 섬에 흘러들어 할미 만나고
남의 배 빌어 타며 품도 팔며
고깃배 한 척 장만한 게 고작이라

이제도 고물에 할미 앉히고
굴곡진 세월만큼이나 늘어진
겨울바다를 간다
눈물 괴는 침침한 눈 저 멀리 치켜뜨고
핏줄 불거져 거친 손 배를 몰아
어둑한 바다로 살러 간다.

떠나가는 섬

갈매기 울음소리
뱃전에 달고 푸른 빛 소리 새하얗게 타는
초하의 한려수도 달리고 달려
젊은 날의 추억 찾아온 욕지도,
그 옛날 우꾼거리던 선창은 간 데 없고
빈 파도만 우둥우둥 흰 웃음 치며
어선 몇 척 노리개 삼아 까불고 있다
낯선 객도 그리움인 섬사람들
육지사람 한 마디 한 마디로 배를 채우다
허기져 하나 둘 썰물처럼 빠져나가고
서쪽 산등성이 길게 내려앉는 어둠속에
저녁상 물리자 달이 뜬다
바라보는 사방천지 은빛 바다
검게 엎드린 크고 작은 섬들은 적막,
공허한 달빛으로 눈 밝히며
민박집 할배 따라 밤낚시 간다

선창의 불빛 아롱대는 물그림자 사이로
반짝이는 형광 낚시찌 기별도 없는데
말없는 수작으로 술병은 바닥나고
잦아지는 할배 탁한 기침소리 달이 기운다
하룻밤 묵은 객이야 해 뜨면 또,
철새 되어 떠나가겠지.

명암 明暗

삶과 죽음의 그늘진 벽에
등을 맞대고 서 있는 요양병원과 장례식장
아무렇지도 않게 멀쩡한 표정이다.

햇살 그리운 요양병원 모퉁이 돌아
슬픈 가슴 안고
장례식장 가는 길,

뉘는 VIP실 승강기 타고 올라가고
뉘는 일반실 계단도 없이 굽이진 통로
걸어서 오르내린다.

생전에 누린
권세 따라 위아래 갈라지고
근조화환 문상객 수도 달라진다.

문전성시 VIP실
펭귄 닮은 문상객들 추모 문상 요식이고
제 이름 내기 급급한데,

문상객 하는 짓이 생전의 자신인 듯
민망하게 웃고 있는 영정 속의 망자 얼굴
갈래진 검정 리본 그늘에 얼룩이 진다.

겨울바다

백사장에 아롱진
여름날의 긴긴 사연 흔적도 없이 쓸어가
침묵하는 겨울바다

바람아 불어라
파도야 일어나라 푸른 장막 걷어내고
알알이 깨어나라

심해성층으로 침잠한
빛바랜 옛 이야기 별들의 푸른 빛 머금고
밤하늘에 빛나게 하라

갈매기의 하얀 밤이
백사장에 반짝이는 사금처럼 여물도록
길고 긴 노래 부르게 하라

합장

마음이 고요한 호수 같고
거울같이 맑다면 성인의 본이라

한갓 범부로
두루 밝아 통하는 성인의 마음 같기를 어찌 바랄까마는

온갖 사람살이 사소한 번거로움에도
쉬이 요동하고 흐트러지는
어리석음이 부끄러워

잠시나마
깊은 밤 고요함으로 침잠하기 위해
나 홀로 합장하네.

할배

새벽닭도 졸고 있는 어둑새벽
멱신에 동그란 토끼털 귀마개 쓰고
무딘 손도끼 힘든 지도 모른 채
깡깡 얼어붙은 저수지 얼음 깨는 할배야

긴긴 겨울밤 새끼라도 꼬고 계시든가
평생을 속 끓이다 백발이 되어버린 할매와
뜨끈한 온돌방 화롯불에 밤이나 구우며
젊어서 못다 한 정담이나 나누시지

허구한 날 낚시질 여직도 모자라
칼바람 눈발 세찬 빙판에서
핏줄 불거져 거친 손 연신 비비대며
작은 얼음 구멍으로 낚시를 들이시나

잡초

넓은 들판이 시원함은
바람이 불어서가 아니야
지천으로 널린
푸른 풀빛이 있어서야

이름난 꽃이 돋보임은
저 홀로 잘나서가 아니야
이름 모를 풀꽃들이
들러리를 서주고 있어서야

누가 잡초라고 하는가
속절없이 짓밟히고 꺾이면서도
끈질기게 살아내는 것은
헐벗은 민둥산 속살을
보고도 모르는 척 할 수 없어서야

난쟁이 아저씨

수영강 하구 강변로에 난쟁이 아저씨
기다란 낚싯대를 한 번에 휘둘러서
산책로 목책을 후딱 넘긴다.

작은 키 꼬막손 불편한 줄 모르고
꿈틀대는 갯지렁이 바늘에 꿰어
키보다 더 높은 목책 너머 멀리도 던진다.

꼬리가 올라간 팔자수염 작은 얼굴에
로마병사 투구 같은 갈퀴머리 하고서
전동휠체어에 장군처럼 올라앉아
열 개나 되는 낚싯대 일렬로 세워놓고
사열이라도 하듯이 찬찬히 살핀다.

산책하는 사람들 구경났다 몰려들어
막걸리나 한 잔 하라며 건네 보지만
낚시꾼이 술 마시면 고기가 성낸다고
정중히 사양하는 난쟁이 아저씨,
오늘도 인생을 낚고 있다.

작품해설

늦된 기러기가 꿈꾸는 세계

오 봉 옥
(시인 · 서울디지털대학교 교수)

　김한주는 '오래된 시인'이다. 이제 막 시작하려는 시인에게 무슨 엉뚱한 소리를 하느냐고 말한다면 공자님 말씀을 전해야겠다. 공자 왈, "학문을 아는 자는 이를 좋아하는 사람만 못하고 학문을 좋아하는 자는 이를 즐기는 자만 못하다"고 했다. 김한주는 오래 전부터 시를 즐겨왔다. 누구에게도 배우지 않았건만 혼자서 시를 써왔고, 대령으로 예편을 할 땐 자신의 시집을 전자책으로 만들어 동료나 선후배들에게 선물까지 했다. 군인과 시가 잘 어울리지 않는 듯해 언제부터 문학에 관심을 가져왔느냐고 물어본 적이 있다. 고등학교 동창회 카페에 글을 올렸더니 친구들 역시 나와 마찬가지로 군인이 제법 글을 잘 쓴다며 칭찬을 해주어서 글에 관심을 가지기 시작했다고 한다. 그렇게 시작한 글쓰기가 십여 년 전 '한울문학'에 수필로 발표되었고, 지난 해 '문학의 오늘'에 시로 발표되었다.
　김한주와 내가 만나게 된 건 서울디지털대학교 문예창작학과

라는 울타리 안에서였다. 그는 늦깎이 학생이었고 난 시를 가르치는 선생이었다. 그는 해군사관학교를 졸업하고 대령으로 예편한 뒤 대학에서 학생들을 가르치고 있는 선생님이기도 했건만 누구보다도 열심히 공부했다. 그 결과 십여 년 전에 출간한 수필집에 이어 이번엔 시집을 출간하게 되었는데, 시집 제목을 어떻게 달았느냐고 물었더니 대뜸 자신이 쓴 시 중 '늦된 기러기의 꿈'이 있는데 아무래도 그게 늦깎이 시인으로 출발한 자신의 처지와도 잘 어울리는 것 같아 선택했다고 들려주었다. 늦된 기러기의 꿈이라? 시를 알고 좋아하는 차원을 넘어 오래 전부터 즐기고 있는 그였기에 결코 '늦된 기러기'가 아니었건만 그런 겸손의 말을 듣고 보니 더욱 더 믿음이 갔다.

그의 시선을 따라가다 보면 가슴이 싸해지는 경우가 많다. 그는 '늦된 기러기'로서 '어둑한 새벽하늘 줄을 이어 날아가는 가없는 기러기의 행렬'에서 벗어나 '앞서간 무리들이 사라진 빈 하늘'을 바라보면서 지나간 날을 회상한다.

아지랑이 타는 논두렁길
지게 진 늙은 아버지 출렁거린다
숱한 세월 뻔질나게 오갔을 그 길
너무 몸에 붙어 낯선 구부렁길
곡예사 줄을 타듯 위태롭다
아버지 창창하실 적엔
지게 받치는 일이 전부이던 지겟작대기
이제 효자발이 되어 걸음을 보탠다
아들딸 열 있으면 뭘 하나

뼛골 빠지게 공부시켰다 어디 쓰나
예서제서 입방아를 찧어대도
하기는 뭘 하고 쓰기는 어디 쓴다고 그랴
지들만 잘 살면 그만이제
버팀목은커녕 지겟작대기보다 못한 자식
탓할 줄도 모르고
아버지, 그저 속이 텅 빈 나무로
거기 그 자리 지켜 서서
오늘도 다만 출렁거릴 뿐이다
— 「아버지의 자리」 전문

  이 시는 아버지에 대한 그리움을 노래하고 있다. 일평생 지게를 지고 살아온 아버지가 이제 '지겟작대기'를 '효자발' 삼아 걷고 있다. 주위에서 자식들을 가리켜 '뼛골 빠지게 공부시켰다 어디 쓰나' 하고 비아냥거려도 '지들만 잘 살면 그만'이라며 도무지 '자식 탓'을 할 줄 모르는 아버지. '버팀목은커녕 지겟작대기보다 못한 자식들'을 두었기에 '그저 속이 텅 빈 나무'로 홀로 서 있을 수밖에 없는 아버지. '늦된 기러기'인 시인은 '앞서간 무리들이 사라진 빈 하늘'을 바라보며 '조급한 마음'을 갖기는커녕 그렇게 홀로 서 있는 아버지를 떠올리며 자책과 동정과 연민을 보내며 그것들까지를 싸안고 나아가고자 한다. 여기서 가슴을 싸하게 하는 대목은 '버팀목은커녕 지겟작대기보다 못한 자식'으로 살아간다는 자책과 함께 그렇게 살면서도 늘 '출렁거리는' 아버지를 떠올리며 살아가고 있다는 사실이다. 다음 시도 마찬가지이다.

가는 철사 옷걸이에
양어깨 걸친 아버지의 흰 와이셔츠
바지랑대 높이 세운 빨랫줄에서
하얗게 웃고 계셨지

하얀 웃음 뒤쪽, 푸른 하늘
새털구름 한가로이 가볍기만 한데
무거운 어깨 아래 축 늘어진 두 팔엔
식은땀이 줄줄 흘러내렸지

가는 바람에도 맥없이 흔들리다
풀썩 맨땅에 떨어져 허물어져도
금방 우리 오남매 업고 일어서서
환하게 웃으시던 아버지

양어깨에 한껏 힘주고 서 있는 나,
삶의 무게 너무 버거워
한순간 주저앉았다가도 벌떡 일어나는 건
나 또한 아버지이기 때문.

─「아버지라는 이름」 전문

화자에게 아버지는 '빨랫줄'에 걸려 '무거운 어깨 아래 축 늘어진 두 팔'로 '식은 땀을 줄줄 흘러내리는' 존재이다. '가는 바람에도 맥없이' 흔들릴 수밖에 없는 가난한 존재, 그럼에도 다시금 금방 '오남매 업고 일어서서 환하게 웃으시던' 넉넉한 존재이다. 이 시가 감동을 안겨주는 것은 그런 아버지와 같이 화자 자신도 '삶의 무게 너무 버거워' 주저앉기 일쑤라는 것, 그럼에도 자신 역시

'아버지'이기에 벌떡 일어날 수밖에 없다는 것이다. 이 시의 화자는 우리 시대 아버지의 전형적 모습을 띠고 있다. 아니 시대를 막론하고 아버지의 전형은 그런 모습일 터이다. 위와 같은 시들을 읽고 우리는 '아버지의 자리'와 '아버지의 이름'이라는 그 무거움과 강인함과 넉넉함에 대해서 다시금 생각하지 않을 수 없다.

　이와 같이 김한주의 시적 경향은 감동을 추구하는 데 있다. 그리고 난 이 미덕을 높이 평가한다. 한국의 시단은 지금 감동을 추구하는 작품보다는 잘 만든 작품들을 대접하는 경향이 있다. 잘 썼다는 느낌은 있는데 감동이 전혀 없는 작품들. 새로움이라는 이름으로 포장된 그럴싸한 작품들. 그러한 작품들을 읽노라면 착잡함부터 밀려온다. 나에게 전해지는 느낌은 없는데 잘 쓴 작품이라고 평가를 하고 있으니 착잡해지지 않을 수 없다. 이해는 간다. 새로움을 추구해야 시가 확장되고 발전한다. 한국의 시문학사를 보면 그런 새로움을 추구하는 몇 몇 시인들이 이끌어온 측면도 있다. 하지만 오늘 날 수많은 독자들이 시를 외면하고 있는 작금의 상황에서 보면 새로움보다는 감동의 회복이 더욱 더 중요한 일로 여겨진다. 그런 점에서 '감동'을 추구하는 김한주의 시적 경향은 믿음직스럽고 반가운 일이 아닐 수 없다.

　김한주에게 아버지라는 존재가 무거움과 강인함과 넉넉함의 대상이었다면 어머니라는 존재는 안쓰럽고 포근한 대상, 그래서 늘 그리움으로 가득한 대상이 된다.

하얀 머릿수건 앞치마 붉어지도록
옹기들 닦으시다 그렇게,
영산홍 붉은 봄날 다 보내셨지요
　　　　　　　－「영산홍 붉은 봄날」 중에서

이제, 거기
내 빈자리 어루만지며
어설피 내가 지어내는 당신의 도마소리
당신이 듣고 있나요
　　　　　　　－「도마소리」 중에서

아아, 꿈에라도 이 강 거슬러 올라
가슬가슬 광목 홑청 꾹꾹 밟아
다듬이질 해드리고 시침질하시는
이불 위로 뒹굴고 싶어라.
　　　　　　　－「어머니의 강」 중에서

「영산홍 붉은 봄날」에서의 어머니는 '옹기들 닦으시다 그렇게, 영산홍 붉은 봄날'을 다 보낸 안쓰러운 존재, '마당 한쪽 우물가에서 영산홍 붉은 빛으로 온통 물이 든 채 하루해가 여물 때'까지 빨래를 하는 고단한 존재로 그려진다. 반대로 「도마소리」에서의 아내는 '꿈결'처럼 아련하게 '칼과 도마가 만들어내는 경쾌한 리듬 소리'를 내주고 병환으로 누운 뒤에도 '빈자리 어루만지며 어설피 내가 지어내는' 도마소리를 듣고 있을 것 같은 포근한 존재로 그려진다. 「어머니의 강」에서는 어머니가 바로 그런 여성으로서의 존재이기에 '시침질하시는 이불'로 가서 마냥 뒹굴고 싶은 그리운 대상이 된다.

　이렇듯이 그에게 어머니나 아내는 안쓰럽고, 바지런하고, 희생적인, 그러면서도 포근한, 그러기에 더할 나위 없이 그리운 존재로 그려진다. 이는 개인의 차원을 넘어 보릿고개를 넘는 시기의 전형적인 어머니와 아내상이기도 하다는 점에서 눈길을 사로잡는다.

　김한주가 우리에게 믿음을 주는 것은 겉멋에 치우치지 않고 자신의 정서를 너무도 자연스럽게 토로하는 데에 있다. 그는 특별한 소재를 찾아가지도 않거니와 특정 이념을 앞세우지도 않는다. 살아가면서 느끼는 감정을 툭툭 내뱉듯이 토로할 뿐이다.

　　　첫눈 내리면 만나자 했지
　　　바다가 보이는 그 작은 카페에서
　　　우리 만나자 했지

　　　해마다 겨울이면 첫눈을 기다리다
　　　찾아가던 그 카페 그 자리,
　　　기다리던 세월이 하 멀기도 해라

　　　어느덧 머리에는 새하얗게 서리 내리고
　　　잉걸불 뜨겁던 가슴은 식었는지
　　　찬바람 일면 거친 기침 터져 나온다.

　　　너의 언 손 녹여주던 두 손등엔
　　　거뭇한 나뭇가지 자라나 불거지고
　　　검버섯 딱지 앉아 볼품없어도

오늘같이, 첫눈 내리는 날이면
서리꽃 성성한 창가에 앉아
두 손 감싸 안은 찻잔 다 식도록
어둑한 네 모습에 색을 입힌다.

-「첫눈 내리면」 전문

'첫눈'이 내릴 때 감상에 빠지는 것은 누구나 겪는 일이다. 첫눈은 세상을 하얗게 덮는다는 점에서 신비롭고, 새로운 세상을 만들어낸다는 점에서 순결한 느낌을 주며, 그 새로운 세상과 하나가 되게 한다는 점에서 또 설렘과 경탄의 대상이 된다. '첫눈'이 내리면 만나는 약속 또한 누구나 한번 쯤 해본 경험일 터이다. 나도 그런 약속을 한 적이 있다. 첫눈이 내리면 바다가 바라보이는 카페에서 기다리겠다고 했던가. 그래서 약속 장소에 나가지는 못했지만 첫눈이 내리는 날이면 늘 감상에 젖어 한동안을 걷곤 한다. 이 시의 화자 역시 마찬가지이다. '첫눈'이 내리는 날 그 누군가와 만나자고 약속을 했고, '해마다' 그 약속장소에 가서 기다리는 일을 반복한다. '창가에 앉아 두 손 감싸 안은 찻잔 다 식도록 어둑한 네 모습에 색을 입히기도' 하고 '새하얗게 서리 내린' 머리와 '검버섯 딱지 앉아 볼품없는' 손등을 바라보며 '기다리던 세월이 하 멀기도 하다'는 감정을 토로하기도 한다. 이 시가 가슴에 와 닿는 것은 늙어가는 화자의 모습과 첫눈을 대하는 감흥이 선명하게 대비되어 다가오기 때문이다. 그리고 그런 정서를 너무도 자연스레 펼쳐내는 데 있다.

김한주는 사색의 시인이다. 그는 일상 속에서 가볍게 스쳐 지나

칠 수 있는 일에 주목한다. 사물의 움직임 하나하나에 예민하게 반응하고, 그 반응으로 인해 자기를 일깨운다. 사색은 그의 시작의 감추어진 원리이다. '국화꽃' 하나를 바라보는 데에도 그의 예민한 촉수는 작동한다.

> 유난히 고상 떨기 좋아하는 친구,
> 귀농한지 두 해가 지나도록 소식 없다가
> 직접 따서 말린 거라며 국화차 한 봉지
> 보내면서 온갖 유세 다 떨더라.
>
> 차라고는 삼박자 커피가 전부인 나,
> 그러려니 냉동실에 넣어둔 채 잊고 지내다
> 첫눈이 내리는 날 문득 생각해내고
> 볼품없이 말라비틀어진 국화 네댓 송이
> 투명한 찻잔에 끓인 물 부어 우리는데
> 어라, 참말로
> 미라로 죽었던 꽃잎들이 서서히 살아나
> 찻잔 가득 만발하는 노란 감국,
> 그 모진 서리에도 굴할 줄 모르고
> 외로이 절개 지킨다는 오상고절의 기상을
> 한 잔 더운 물에 다시 피우더라.
>
> 허허, 그 친구 유세 떨만도 했네
> 죽어서도 결코 기개를 잃지 않는 국화,
> 네가 살아 풀어낸 물, 이제 곧 나 마시고
> 누구처럼 고상 좀 떨어볼까 하노라.
> 　　　　　　　　　　　　ー「국화차」 전문

이 시는 생명에 대한 연민을 보여주고 있다. '냉동실에 넣어둔' 말라비틀어진 국화꽃이 언제 그랬냐는 듯이 다시 살아나는 그 생명력. 그것을 화자는 '죽어서도 결코 기개를 잃지 않는 국화'로 표현하고, '외로이 절개 지킨다는 오상고절의 기상'으로 표현한다. 화자는 국화차를 마시며 '어라, 참말로 미라로 죽었던 꽃잎들이 서서히 살아나 찻잔 가득 만발하는 노란 감국'으로 다시 태어나고 있다며 감탄한다. 그 감탄 속에는 절개를 상징하는 국화꽃의 의미와 '볼품없이 말라비틀어진' 상태로 냉동실에 처박힌 국화의 모습, 그리고 기다렸다는 듯이 끓인 물 속에서 다시금 살아나는 그 국화꽃의 생명 의지 등 온갖 '감각'과 관념들이 배어 있다. 이 시는 기개를 잃고 살아가는 사람들과 죽을 때까지 기개를 잃지 않았던 사람들을 환기시킨다.

그럼 '늦된 기러기'로서의 김한주가 꿈꾸는 세계는 무엇일까. 그의 많은 시편들은 그것이 '앞서간 무리들'처럼 좌우도 돌아보지 않고 비정하게 날아가는 삶이 아니라 가슴에 아로새겨진 '지나간 시간'과 연민의 눈으로 쳐다볼 수밖에 없는 '당면한 시간들'을 싸안고 함께 나아가는 것임을 말해준다.

> 함박눈 쏟아지던 어느 겨울날,
> 곱게 말린 장미꽃잎 유리병에 가득 담아
> 누가 볼까 그 집 앞에 얼른 내려놓고
> 대문 두어 번 쾅쾅 치고 달아났었지
> ─「마른 장미꽃의 추억」 중에서

그 옛날 우꾼거리던 선창은 간 데 없고
빈 파도만 우둥우둥 흰 웃음 치며
어선 몇 척 노리개 삼아 까불고 있다
　　　　　　　　　　　－「떠나가는 섬」중에서

그는 장미꽃보다도 아름다운 '마른 장미꽃의 추억'을 떠올리고 찾아간 '섬'보다도 아름답게 풍경을 그려낼 줄 아는 사람이다. 그런 그이기에 비록 조금 늦게 시작한 시인의 삶이지만 누구보다도 힘차고, 누구보다도 높고, 누구보다도 멀리까지 비상할 거라 믿는다.

∴ 김 한 주 金漢珠

1953년 경남 함양 출생. 대구에서 성장.
경북대학교 사범대학 부설고등학교 졸업
해군사관학교 졸업 후 소위 임관
30여 년간 현역 복무 후 대령으로 예편
해군대학, 국방대학원, 경남대학교 경영대학원 및 서울디지털대학교 문예창작학부 졸업
2005년 『한울문학』에 수필 「비 오는 날의 한바탕 꿈」 외 1편으로 신인작가상 수상
'시인의 바다' 동인으로 활동 중
2015년 『문학의 오늘』에 시 「아버지의 자리」 외 1편을 발표하며 작품 활동 시작
현) 마산대학교 해군부사관학부 초빙교수

기러기의 꿈

초판 1쇄 인쇄일	| 2016년 2월 16일
초판 1쇄 발행일	| 2016년 2월 21일
지은이	| 김한주
펴낸이	| 황송문
편집장	| 김효은
편집·디자인	| 김진솔 우정민 박재원 김정주
마케팅	| 정찬용 정구형 정진이
영업관리	| 한선회 이선건 최재영
책임편집	| 김정주
인쇄처	| 으뜸사
펴낸곳	| 문학사계
배포처	| 국학자료원 새미(주)
	등록일 2005 03 15 제25100-2005-000008호
	서울특별시 강동구 성안로 13 (성내동, 현영빌딩 2층)
	Tel 442-4623 Fax 6499-3082
	songmoon12@hanmail.net
ISBN	| 978-89-93768-40-4 *03810
가격	| 9,000원

* 저자와의 협의하에 인지는 생략합니다.
  잘못된 책은 구입하신 곳에서 교환하여 드립니다.